目錄　別傻了　這才是大阪

交通篇

Osaka Rules

購物篇

Osaka Rules

食物篇

Osaka Rules

街道篇

Osaka Rules

詞彙・人際關係篇

Osaka Rules

生活百匯篇

Osaka Rules

Osaka Rules

交通篇

購物篇

食物篇

街道篇

詞彙．人際關係篇

生活百匯篇

潛規則1

搭乘電車時，不是排成直排，而是橫的站成一團

在大阪這塊土地上，令人難以適應的潛規則之一，就是「排隊候車」搭乘電車或地下鐵這件事。

若在東京，大家都會站在標示車門開啟的位置，整齊地排成三排，當電車到站，隊伍會自動站到車門兩側，等待車上的乘客下車，等到所有人都下車後，排隊的乘客才會依序走進車廂。所有乘客上車之後，等待下班電車的三排乘客會平行移動到乘車位置。這種軍隊般整齊劃一的移動方式，有如訓練有素的團體隊形[1]。

但在大阪，這種良好的禮儀是行不通的。

雖然與從前相比，現在已漸漸養成排隊的習慣，但大阪的排隊規則與東京截然不同。

正確來說，大阪人的排隊方式，與其說是「排成直列」，不如說是橫向地站成一團。換句話說，排在第二與第三的乘客，要隨時有與排在第一的人共赴戰場的決心，這早已超脫所謂「排隊」的概念。

當然，也沒閒暇去禮讓下車乘客通過。所有候車的乘客都懷著橄欖球擒抱的氣勢，想早一步穿過人群衝入車廂。這時要是還顧著面子，肯定會落得最後一個上車的下場。而且要是出聲提醒亂排的人，不是被人瞪回來，就是惹上麻煩。

排隊時放鬆，電車進站時衝刺！請務必記住這種大阪風格的電車搭乘術。

咻～
喔
喔
喔
喔
喔
啊呀！
哇
飛踢
啪嚓
吐血
耶～！
過去，大阪的電車（如同）戰國亂世
一起歡呼吧！
輸、輸了

咻～
現在，大阪的電車（似乎）很有運動家精神
俺是盜壘王啦！
我才是
才怪是我！
我可不能輸
緊繃
緊繃
緊繃
緊繃

潛規則2

嚴防排在身後的大嬸

Osaka Rules

若問誰是精通大阪風格電車搭乘術的超級達人，那絕對無人可出「大阪大嬸」其右。

雖說全日本的「大嬸」多少都有點愛佔人便宜，但大阪的這群大嬸可說是出類拔萃，正所謂「佔人便宜」之王(后)。

儘管已排在最前面，若身後(或身旁)排著大嬸，第一名的寶座可就岌岌可危。該怎麼做才能預防被大嬸搶先一步呢？

當然可以選擇向前奮力衝刺，但面對虎背熊腰的大嬸，極有可能會被撞飛。

還有一招就是電車到站時，將手臂伸往車門，形成防禦之勢。

「絕不讓人從身旁闖過！」這種死盯著對方的做法，或許也行得通。

只不過，對手也絕非泛泛之輩。為了搶先擠進車廂，大阪大嬸會使出各種絕招。

絕招一

利用小孩搶座位，然後從後面大喊：「快往前，先去搶座位」(有時還不忘加句「記得要搶兩個座位嘿～」)

絕招二

如同射籃般，從後面將包包丟到座位上(表示「那個位子已經是我的了！」的意思)

如遇此高招，也只好舉雙手投降了。

畢竟無法控制什麼人排在後面，一旦身後出現所向無敵的大嬸，就對坐下這件事徹底死心吧！

我是鈴木市郎是眾所皆知的大阪搶位王！
不過，現在出現了威脅王座的強敵！
閃光～
我感受到從後面傳來的殺氣
今天……她也在！
咻～
殺出！
!?
狗？
有狗飛來了？
汪汪
哎呀呀～小麻里呀真是謝謝妳。幫媽媽搶到座位了呢
輸、輸了
氣餒

潛規則3

在電車裡
即使被陌生人搭話
也不用害怕

Osaka Rules

早上通勤時，電車突然停止，卻也沒聽到列車長的廣播。這情況若發生在東京，所有乘客即便面露不悅，也只會靜靜地站著，任時間流逝。明明擁擠得身體緊緊相依，也沒有人會在此時聊天。整個車廂充斥著有點尷尬的氣氛。

若場景換到大阪，肯定會有人出聲抱怨「現在到底是安怎」，接著就會開始你一言我一語地說「就是說嘛～」、「JR真的很爛耶～」，車內的氣氛也會莫名其妙地和緩許多。

在大阪，即使在電車裡突然被陌生人搭話，也不可以害怕。除了一開始提及的「意外」，若有大嬸邊說「不好意思吶」，邊擠進狹窄的座位空隙，接著又對你說「要不要來顆小糖糖啊？」（至於加個「小」字的原因，請參閱第76頁），此時不須驚慌，順勢收下才是正確做法。

會向人搭話的大都是好管閒事的大叔與大嬸，他們絕不是什麼壞人，只是生性「ICCHOKAMI」（大阪腔的好管閒事）罷了。這現象不僅發生在大叔與大嬸身上，大阪人完全不排斥與陌生人交談。俗話說成為道地江戶人要花三個世代的時間，成為京都人則要花上十個世代，但換做大阪，只要三秒就能立刻與對方打成一片。這或許是因為大阪自古就是商人之城吧！若能在搭乘電車這種枯燥無味的例行公事中，共享一段有趣的時間，那也算是賺到了。請以如此開闊的心胸，享受與陌生人交談的樂趣吧（若真的遇上怪人，當然還是要小心）！

潛規則4

開車遇到黃燈
就「用力踩油門」

Osaka Rules

對非大阪人而言，要在大阪的路上開車是項艱鉅的任務。若以在其他地區的平常心來開車，不是遭遇事故，就是招人抱怨，永遠也到不了目的地。

首先要留意的是，大阪人對交通號誌有不同的詮釋。

在大阪的路上開車時看到交通號誌轉成黃燈，可千萬不能就此停車。否則就會聽到後面傳來喇叭聲或是被追撞，這可是非常危險的。

因此，大阪的駕訓班都會教導(?)學員：「看到黃燈也要繼續往前開，以免被追撞」。

而且車陣匯流的時候，車頭先卡位成功的就算獲勝。

變換車道時，也是一打方向燈就切進車道，甚至是切進車道後才打燈。遵守速限開車根本是天方夜譚。

尤其早上的阪神環狀高速公路更是戰場。若能平安地在環狀高速公路行駛，並且能順利下交流道，就代表開車技術足可獨當一面！只不過技術提升的同時，行車禮儀卻不見得有長進罷了。

此外，過去被戲稱為大阪名產之一的違規停車，已因二〇〇六年六月起實施的停車取締員制度而大幅改善。據警方表示，與制度實施前相比，三個月之間大阪御堂筋的停車數量已減少了百分之七十三左右。

在過去，併排停車被視為理所當然。御堂筋明明是六線道，卻常遇到僅剩最中間的幾條車道可以行駛的情況。

話說回來，這裡可是大阪。

所以常有對停車取締員找碴的人，不滿地抱怨：「有必要這麼嚴格嗎？」、「只不過是去吃個飯，放我一馬吧！」

即便違規停車的案例減少，大阪的停車取締員也肯定是全日本工作負荷最重的一群。

雖說鬥牛的規則是在牛面前揮舞紅色的東西……
好久沒來大阪了♡
心花怒放
要吃什麼呢
噠噠噠噠噠
咚
呀！
好痛呀！
咚
我前陣子去大阪旅行時莫名其妙地被人撞來撞去耶
照片
黃色是「前進」的意思啊
原來！是因為妳穿了黃色衣服啊！
似乎存在著這種都市傳說……

潛規則5

盡量避免短程搭乘計程車

Osaka Rules

即便違規停車的情況改善，還是不減計程車在深夜違法佔據車道的亂象。在北區或南區的鬧區，一到深夜，等待載客的計程車就會塞滿整個車道。然而，就算這麼多計程車在排班，拒載短程的情況卻還是屢見不鮮……。因此，計程車司機的惡行惡狀也被戲稱為是大阪的名產之一（雖然不是每位司機都這樣）。這些計程車司機在白天開車時，也常隨意變換車道或緊急煞車，儘管大阪駕駛本就開車隨性，但他們對計程車司機的風評也是非常糟糕。尤其非大阪人更要多點提防，因為有些黑心的計程車司機發現乘客不知道路之後，會故意繞遠路；又或者趁乘客醉得不省人事之時，故意收取不法的高額車資。

事態惡化是始於二〇〇二年，計程車司機入行的條件開始放寬，使得計程車司機的人數增加。從人口和計程車數．司機人數的比例來看，大阪屬於日本全國屈指可數的計程車激戰區。因此為了有效提升業績，不擇手段賺錢的計程車司機也就越來越多。

惡化至此，政府機關總算出面控管非法亂象。自二〇〇六年十月起，「記點制」正式上路，一旦發生拒載或收取黑心車資這類違法行為，計程車車行與司機要受到記點處分。「大阪計程車中心」的指導員也會四處巡邏與監視，並由近畿運輸局裁示行政處分。不過，這樣就能洗刷「全日本服務態度最差的計程車司機」的污名嗎？總之，要是遇到討厭的計程車司機，身為乘客的我們也不會開心，所以建議大家還是盡可能避免短程搭乘吧！

潛規則6

遇到紅燈
就要「小心地過馬路」

Osaka Rules

「東京人很奇怪耶！明明沒車經過，幹嘛乖乖地站在原地等？真是難以置信」、「哎唷，交通號誌是參考用的，說到底還是只有自己的雙眼與判斷能信得過」

正如潛規則4、5所提及的，大阪人沒什麼守法概念，而且又很「IRACHI」（大阪腔的急性子）。即便行人的燈號是紅燈，只要沒車經過，他們就會闖過去。問他們為什麼闖紅燈，還會自信滿滿地說出開頭所提到的那類回答。

講難聽一點是不懂規矩，從好的方面來看，則是合理的行為。大阪人對法律、上位者或是統治百姓的威權，或多或少都抱持著懷疑的態度。

這或許是來自大阪在歷史上有著興盛的商人文化。江戶屬於武家文化，著重於大道理與權力，但商人文化則重視該如何行動才合理。所謂「時間就是金錢（Time Is Money）」，對於沒車經過還乖乖站在原地等紅燈的行為，大阪人會覺得「這人是傻瓜嗎」！

梅田十字路口的行人交通號誌會顯示「倒數幾分幾秒變成綠燈」的燈號，是日本首座會顯示時間的交通號誌。在「倒數十秒」的時候，大部分的大阪人就會開始蠢蠢欲動，每個人都想往前多走一點，都想比任何人都搶先一步。或許有人會覺得「到底是急著要去哪？」，但大阪人的脾性就是忍不住會這樣，要是站在原地等，一定會被後面的人撞個正著。大阪人就算沒有急事，也是一副很急的樣子。配合周遭的人行動，才算明智之舉。

潛規則7

搭乘電車必備「SURUTTO KANSAI」&「ICOCA」

Osaka Rules

無論如何，大阪人最痛恨的就是浪費時間。所以為了不浪費時間買車票，人手必備一張搭乘電車的票卡。

幾乎所有的大阪電車票卡都可在餘額只剩十日圓的時候乘車，這也是東京的「Suica（西瓜卡）」與「Passnet卡[2]」所沒有的優點。不會在重買票卡的時候，眼睜睜地看著電車溜走，真的是一件很值得開心的事。

接下來為大家隆重介紹的是，在所有交通票卡中發行已逾十九個年頭，使用範圍涵蓋大阪、神戶、京都等地，合作超過十八家電車、地下鐵的「SURUTTO KANSAI」。

而東京的Passnet是於二〇〇〇年發行，相較之下，大阪不愧是最早普及採用自動驗票口的地區（關西地區的電車、地下鐵是於一九八〇年代普及採用自動驗票口；東京則是在一九九〇年代才全面普及）。

二〇〇四年，也發行了世界首創的後付制（post-pay）票卡——「PiTaPa」（「嗶」一聲感應卡片後，就能「啪！」地過驗票口的意思）。PiTaPa卡從二〇〇六年開始也能搭乘JR電車，變得更加便利。

而JR發行的票卡叫做「ICOCA」，是「IC Operating Card」的縮寫，同時也是取自關西腔的「走吧（IKOKA）」的諧音。

由此可知，不論是實施後付制或JR與民營鐵路、地下鐵公司的使用範圍互通，大阪的交通確實比關東地區更加方便。

另一點想請大家注意的是，該說是淺顯易懂嗎？就是那不費腦力的命名方式。

沒錯，其中最值得一提的就是阪神電鐵發行的交通票卡。

其名為「RAKUYAN Card[3]」。

……這就是最經典的例子，真不愧是阪神啊！

Osaka Rules

交通篇

購物篇

食物篇

街道篇

詞彙．人際關係篇

生活百匯篇

潛規則8

中元節或年終時，購買禮品的首選是阪急、高島屋或大丸

近年來，大阪百貨公司的競爭進入白熱化的時期。

若提到梅田代表性的百貨公司，就屬大阪市業績獨佔鰲頭的阪急百貨。於一九二九年開幕、日本第一間與車站共構的阪急百貨，一直以來累積了不少死忠顧客，然而二〇〇五年至二〇一二年進行改裝工程期間，使得受眾人喜愛的阪急梅田中央大廳被迫拆掉，當時還掀起了一波反對改裝的連署運動（這座中央大廳曾在以大阪為舞台的電影「黑雨」出現）。阪急百貨受歡迎的祕密在於對時尚的敏感度和品味。就連送禮，也是阪急出品的較具公信力。

此外，北區還有大丸與阪神這兩間百貨公司。大丸與阪急同樣擁有高級感，而阪神百貨則充斥著平民氣息，就時尚品味而言，的確有遜於其他兩家的感覺，也被認為不適合去買年終或中元節的禮品。下行到南區，可找到代表難波的高島屋百貨。這間百貨公司受到「南派購物族」的高度支持，所以來這裡買禮品也不會有什麼問題。

這幾年來，不僅阪急百貨，大阪的百貨業界掀起一波開幕與改裝的風潮。於二〇〇〇年歇業的SOGO，在二〇〇五年重新開幕；二〇〇六年九月，丸井百貨則在難波設店，就連既有的大丸百貨也於二〇一一年增設賣場面積；高島屋則於二〇一〇年開設新館。大阪的百貨公司勢力圖是否也會隨著這些動向而有所變遷呢？

這簡直就是大坂之陣[4]的百貨公司版。讓人密切關注今後的動向。

潛規則9

不過地下街的話，就要到阪神百貨

Osaka Rules

在傍晚這種不早不晚的尷尬時間，偶爾肚子會有點餓，此時若人在梅田，肯定會毫不猶豫地往阪神百貨的地下街走去。正如潛規則8提及的，大阪人對阪神百貨的印象就是「差人一截」，但唯一最受歡迎的就是地下街，也就是所謂的美食街。平日從接近中午開始，就熱鬧非凡。

「肚子有點餓就衝！」其背後的目的單純就是為了試吃。身為大阪人，可不會為了面子而不敢試吃。「一個怎麼夠，再來一個」，不假顏色地接受店家的好意，才是正確的做法。

若試吃還不能滿足胃袋，不妨去可以站著吃的美食廣場。這裡可是大阪人愛到不行的「麵粉製品王國」。其中最受歡迎的是「花枝燒」，呃，要提醒的是，大阪的花枝燒並不是「烤花枝」喔！大阪的花枝燒是將麵粉、調味料以及花枝拌在一起，再以熱壓機壓燒煎成的小型什錦燒，為大阪的名產之一。Q彈膨鬆、還帶有花枝的焦香氣，真的非常好吃，而且一片才一百二十六日圓。有些顧客甚至一次買好幾片回去當伴手禮，從昭和三十年代(西元一九五五～一九六四年)開始，一直都是人氣商品。

其他還有章魚燒、回轉燒(關東稱為今川燒，也就是台灣常見的車輪餅)或烏龍麵等等，都是在肚子有點餓時能滿足口腹之慾的食物。不論男女老少，都能在幾分鐘之內站著吃完、拍拍屁股走人。完全就是「急性子(IRACHI)」大阪人的天堂。

潛規則10

在日本橋買東西，殺價是基本常識

Osaka Rules

大阪人與其他縣市的人結婚、定居大阪，展開新生活之際，勢必會去買些必要的家具與電器產品。

這時，新婚夫妻恐怕都會吵架，原因出在殺價文化上的差異。

在大阪要買電器，就要去日本橋。這就像在東京會去秋葉原買一樣。

假設要買的是電視，也看到電視貼有「特價＄○○○○」的標籤，這時大阪人會很自然地把店員叫來問：

「這台多少錢？」

就算已經貼了價錢，可在大阪，這只不過是表示出殺價的起點而已。

「降到這個價錢不行嗎？」經過雙方你來我往的攻防後，價格好不容易定案。

但大阪人可不會就此罷休：

「算了，這價錢差不多了。不過這個是展示品吧，能給多少折扣呢？」死纏爛打地繼續殺價。最後還會來個殺手鐧：

「那，有送什麼贈品嗎？」

若對方不是大阪人，被殺到這般程度不是翻臉，就是羞愧地懇求對方手下留情。可是，這才是道地的大阪風格日本橋購物殺價術喔！

日本橋的電器行通常都會貼出「若本店商品比他店貴一塊錢，請務必告訴我們」，也會清楚地貼出「須憑實體廣告刊物（一週以內的）才適用」或「無法降至網購價格」等公告出細則。

店家方面也是做好了「來吧，我們接受挑戰」的備戰準備，所以怕麻煩或愛面子可一點也不實際，到日本橋買東西的時候，一定要戰到最後一刻才能罷休喔！

我是大阪女婿名叫青木
大阪對我來說有好多不可思議的事物
那我出門去買電視囉
可是……帶那麼多紙袋幹嘛？
特賣會
破盤價！
所以？這台可以降多少
什麼～不能降到這個價嗎？
怎麼賣這麼貴
那有送什麼嗎？
給我多學著點啊！
手、手上那些是怎麼回事！
兩手滿滿
贈品啊
那、電視呢？
說是明天送來

潛規則11

殺價買到後，通常會得意地炫耀「你覺得這東西多少錢？」

Osaka Rules

在日本，談錢是件很忌諱的事，這種精神也牢牢地存在於每個日本人心中，其中最具代表性的就是「不留過夜錢[5]」的江戶人，他們覺得滿口談錢是件丟人現眼的事。所以，問別人「這花多少錢買的啊？」，更是件失禮的事。日本人一直以來就被灌輸這樣的教育。

不過，在大阪就不是這麼一回事了。反而是買東西的人丟出「你覺得我這東西買多少」的問題，此時要回答高一點的價錢，才會正中下懷。「你覺得有這價值啊？其實便宜很多喔，才兩千日圓，買得很划算吧」，若聽對方這麼說，就要回答「咦，完全看不出來耶」、「不會吧，在哪裡買的啊？」才是正確的反應。雖然後續還得聽對方繼續吹噓自己有多麼會買東西，但也可從中得到一些有用的購物資訊。

關東一帶認為，買便宜貨是件很丟臉的事，所以就算是在打折出清買到折扣品（即便對方也知道是折扣品），避免聊這個話題才不會失禮。

若場景換到大阪，「花大錢買好東西」的話題可不受歡迎。

即便買的是A貨，能買得便宜就算厲害（本人當然也覺得自己花錢花在刀口上）。大阪自古以來就是商業之都，談論金錢絕不是件丟臉的事，反而像是「互道早安」般極為平常的問候。好好練就這種大阪風格的問候方式吧！

潛規則12

向別人問「這花多少錢買的啊？」是很平常的事

Osaka Rules

潛規則11的時候提到怎麼稱讚「買到俗擱大碗」的人，而這次要介紹的是較量誰比較懂得買便宜的對話。

A「你身上這件刷毛外套花多少錢買的啊？」

B「這件？在優衣庫花一千九百日圓買的。便宜吧！」

A「差不多的款式，前陣子在MARUTOMI才賣一千日圓喔！」

C「我之前在daiei花九百八十日圓就買到了」

結論是大家買的價錢都差不多，但大阪人就是會有種「買得比別人便宜就開心」、「便宜買到好東西就很滿足，感到自豪」的傾向。就算是收到的禮物，也會很在意禮物的價格，偶爾也會出現「這個啊，雖然是人送的，但買的話可得花一筆錢呀！」的對話。

也就是說，大阪人真如傳聞般小氣？其實這話有些出入，他們其實比較像是「追求合理性」。大阪人並非「想買便宜的東西」，而是「想要便宜買到(自己想要的)好東西」，或許這就是跳蚤市場與二手車市場之所以會從大阪發跡的原因。

如果突然被問「那個花多少錢買的？」，不需隨口敷衍地說「沒花多少錢啦」，也別擺出厭惡的表情，應該積極地繼續聊下去才是正確的喔！

潛規則13

身穿印有豹頭或虎頭的衣服，或者是穿戴閃亮亮的單品

Osaka Rules

走在大阪的街道上，一定會注意到映入眼簾的色彩與走在東京街道上的有不少差異。這或許是因為難波一帶的店家，很喜歡掛上用色鮮豔、設計華麗的招牌所致，但更為搶眼的是女性身上所穿的衣服色調。與東京相比，明顯穿鮮豔許多。

乍見以為是穿著洗練的年輕女性，仔細一瞧，才發現身上某處含有金蔥。在電車裡放眼望去，金蔥出現的機率有夠高！看久了還真會眼冒金星咧！

若把觀察目標移至「大嬸」身上，自然而然就會發現很多大嬸自然地將印有誇張圖案的衣服穿在身上。她們身上穿的可不是普通的「豹紋」，而是印著斗大豹頭的衣服；不是普通的碎花，而是印著俗又大朵的花朵的衣服。這種穿搭一點也不可愛，根本只能用可怕二字形容。好想知道這種衣服到底是去哪買、又是花多少錢買的？當然，這類大嬸臉上的妝容也毫不遜色於衣著，濃妝豔抹到令人五體投地的地步。

其實大阪女性喜歡化濃妝的習慣是有歷史根據的。在江戶時代末期，有位名叫西澤一鳳的人寫下《皇都午睡》，書中提到：「京都與江戶大致相同，習於輕施脂粉。如大阪般濃妝豔抹之處，他處罕見」。

東京當然也有看似自然，其實妝厚到不行的詐騙集團（？），所以要裁定哪邊比較濃妝豔抹實在困難。只不過，在大阪要是老是穿著毫無個性、單色調的衣服，恐怕會被貼上無趣又陰沉的標籤。請務必記得，在大阪穿得搶眼才是美德喔！

Osaka Rules

交通篇

購物篇

食物篇

街道篇

詞彙．人際關係篇

生活百匯篇

潛規則14

不說肉包，而是說豬肉包！

若看到「551」這個數字還問：「這是啥？」的話，可就不配當個大阪人了。提到「551」，指的就是「551蓬萊」，這可是大阪無人不知、無人不曉的肉包名店。啊，正確說法是「豬肉包」，不能說成「肉包」。因為內餡包的是豬肉，對大阪人來說，關東所說的肉包「才不是真的肉包咧」！

大阪人對牛肉、豬肉、雞肉的區別十分嚴謹。如果只說「肉」，就是指牛肉，絕不會是豬肉或雞肉，所以馬鈴薯燉肉裡用的也是牛肉，牛肉壽喜燒也是從同屬關西的神戶發跡。

據說如此的差異，是源於西日本多以牛隻耕作，而東日本則以馬匹耕作的歷史背景。在西日本，無法再進行耕作的牛隻就會被當成食材；而東日本，則於明治時代從英國引進了豬隻品種，使得豬隻的飼育更加普遍，肉品消費開始以豬肉為主。

若以金額、數量來統計肉品的消費情形，從日本地圖上來看，大致能以發生將天下一分為二的關原之戰的岐阜縣為分水嶺，以東主要消費豬肉，以西則主要消費牛肉。至於沖繩與鹿兒島之所以會以消費豬肉為主，或許是受到中國飲食文化的影響。換句話說，從說到肉會想到什麼肉這點，大致就可判斷出一個人故鄉的區域。順帶一提，大阪人若說「去吃個(牛)肉」，就是去吃「牛丼」的意思；去吃肯德雞的時候也會說「去吃個雞」。他們對肉的區分果然非常嚴格啊！

潛規則15

夏季伴手禮非冰棒莫屬

Osaka Rules

在大阪，去朋友家做客時，該挑什麼當伴手禮？若想和對吃挑剔的大阪人建立起良好的關係，這可是一項不可忽視的重點。

說到冬天的伴手禮，最先想到的就是「蓬萊豬肉包」，畢竟世界上找不到一個討厭豬肉包的大阪人。對了，要記得是豬肉包，不是肉包喔！若對方喜歡甜食，帶回轉燒過去也不錯。在大阪，今川燒被稱為回轉燒（也就是台灣常見的車輪餅），有名的品牌是「御座候」，阪神百貨的地下街也有在賣。

若是盛夏時分（一到夏天，大阪的體感溫度比東京熱好幾倍），就以冰涼的東西為首選。夏天的伴手禮，非冰棒莫屬，其中以「蓬萊」和「北極」這兩個牌子最受歡迎。若要找一年四季都受歡迎的伴手禮，應該就是HIROTA的泡芙或Morozoff的布丁。

這麼一看，大阪的伴手禮比起東京，充滿了一股平民氣息。東京不太可能出現拿冰棒或肉包當伴手禮的情景。這或許就是講求實際的大阪風格吧！因此衍生出大阪的家家戶戶都有Morozoff的布丁杯（明明沒在用……），或是冰箱堆著豬肉包的黃芥末醬包的情形。這些可都是判斷一個人有多像大阪人的指標之一喔！至少要集滿五個Morozoff的布丁杯，才算是個道地的大阪人。

潛規則16

烤章魚燒是種涵養

Osaka Rules

「你家一定也有章魚燒機吧？」這個問題大阪人幾乎都被外地人問到煩了。但就算被問得很煩，還是會挺起胸膛地回答：「這不是廢話嘛！」，這就是大阪人的本性。

姑且不論章魚燒機的使用頻率，很多家庭的確都有章魚燒機，只不過很可能被塵封在壁櫥之中。

小孩出生後，買台章魚燒機，是常見的模式。父母只需準備麵糊與章魚塊，非常輕鬆，而小孩子也覺得讓麵糊在章魚燒機裡轉啊轉很有趣，就像是在玩遊戲一樣。

因此，雖然不至於「把章魚燒機當成嫁妝」，但「家家戶戶都有一台章魚燒機」這點絕非都市傳說。

如今章魚燒已是大阪名產的代表選手。

但，內餡為什麼是「章魚」呢？這得追溯到兵庫縣明石市的明石燒了。

所謂的明石燒，就類似放有明石名產章魚塊的玉子燒，從明治時代開始就受到當地人民的喜愛。

大阪最初只有將麵粉煎成小塊、上面塗醬料的「點點燒」以及高湯調成麵糊煎出來的「收音機燒」（因為昭和初期當時是收音機的全盛時期，故以此命名），是之後學習明石那邊加入章魚，才成了現在的章魚燒。

大阪人從小就被嚴格訓練烤章魚燒的技巧。

要用「我烤章魚燒的本事可不會輸給那些擺攤的大叔喔～」的氣勢，並能煎出「外皮酥脆、內層膨鬆」的章魚燒，才算是真正的大阪人！

某間公司去員工旅遊的落腳處
好～來看看誰烤的章魚燒最好吃吧！
熱鬧
熱鬧
就來展現一下大阪精神吧～
哇！
酥香
酥香
轉
酥香
好厲害的手法
簡直是專業的啊！
超好吃的啊！
比專業的還厲害
中間軟嫩外層酥香
天野，你肯定是第一名！
小時候一直抱怨「這種斯巴達式訓練，到底有什麼用處！」
沒想到今天居然派上用場了
※會計部
拍下去
你要我講幾次這種烤法是錯的！
肌肉鍛練器

潛規則17

很講究烏龍麵的高湯

Osaka Rules

「這種東西，才不是烏龍麵咧」！土生土長的大阪人第一次看到東京的烏龍麵時，當下一定打擊很大。烏龍麵居然整碗泡在接近黑色的濃味醬色湯汁裡，這可完全不行！

江戶屬於蕎麥麵飲食文化，讓蕎麥麵涮一下重口味的湯汁，再大口吸入喉嚨才是瀟灑的江戶人；大阪則屬於烏龍麵飲食文化，正如「讚歧重麵、大阪重湯」的俗諺所說，大阪人講求的是色澤清雅卻蘊藏著滿滿昆布與柴魚片鮮味的高湯。

從江戶時代開始，大阪就被譽為「天下的廚房」，全國各地的珍饈美饌都匯集於大阪，據說當時北海道最高級的松前昆布就被大阪的商人所壟斷。這番歷史背景，造就出讓大阪人拍胸膛掛保證「好吃到不行」的烏龍麵高湯。

想當然爾，單是高湯美味，怎能滿足大阪人的味蕾。大阪的每家烏龍麵店都是各憑本事做出獨特的烏龍麵，才能高朋滿座。例如位於大阪商人集散地——船場，於明治二十六年（西元一八九三年）創業的老店「松葉家」，除了是油豆腐烏龍麵的創始店，另一項名產就是「雜炊烏龍麵」。這道料理的下層是雜炊，上層則是烏龍麵，這種澱粉加澱粉的雙重組合，絕對能讓顧客滿腹而歸。另一家反其道而行的是位於南區的「CHITOSE」的「肉吸」。這是道將牛肉烏龍麵的烏龍麵拿掉，讓人以為被耍了的料理。據說是吉本新喜劇的搞笑藝人花紀京請老闆特製的料理，於是就被列入菜單中了，不愧是高湯底蘊深厚的大阪才能孕育出這般佳餚啊！

潛規則18

把大阪燒當成豐富的主菜吃

Osaka Rules

根據大阪燒醬汁的老店「御多福醬汁」的網站表示，大阪的大阪燒店（包含章魚燒店），總數約有三千一百三十三間（二〇〇五年的資料），堂堂榮登全日本第一名寶座。

店家如此之多，每家都有所講究，也各自擁有死忠的支持者。例如「風月」或「波天久」、「千房」這類的知名連鎖店；以及煎好之前，絕不讓顧客動手的固執名店「天滿菊水[6]」（天滿），或是田中康夫讚不絕口、知名人士也常光顧的「OMONI」（鶴橋），這類規模雖小卻總是大排長龍的店家。從連鎖店到小店，選擇豐富，可讓愛吃大阪燒的人一次挑個過癮。

不過，大阪人最熟悉的大阪燒，還是在自家製作的家庭料理（有時候會當成晚餐的配菜吃）！正如每個家庭都有專屬的味噌湯味道，每家對大阪燒的煎法與用料也各有講究、各有自家的一套方法。但共通的做法大致有以下五點：

①麵糊不要太多，能沾住食材即可

②大量的高麗菜

③加山藥才能煎得膨鬆

④放入天婦羅渣

⑤使用大阪燒專用醬汁

煎的時候要特別注意煎鏟不要壓得太緊，不然最後就會煎成黏糊糊的一團（雖然也有人愛吃這種的啦……）。

再者，若想當個大阪燒達人，就不可以用筷子挾著吃，而是要用小煎鏟鏟著吃（唯獨要小心燙傷）。

只要掌握這些要點，就能與大阪人一起煎出美味的大阪燒，一起吃的時候也不會出糗。

「啊，這時候還不能翻面啦！」

「別用煎鏟亂壓啦！」

再也不用擔心愛指揮全場的「大阪燒奉行[7]」會跳出來說上述這些話了。

不好意思……你突然來家裡沒什麼東西
只能用現有的材料做大阪燒配剩下的白飯而已……
都是澱粉類食物
真抱歉
哭
～～
咦！打擊有這麼大嗎～？
道子，妳明明是東京人為什麼這麼懂我的心！
請跟我結婚吧！
欸！
……很可能會發生這種情況
可是，要小心他們有很多堅持
什麼啊，怎麼都是麵粉！
高麗菜要放多一點啊！
大口
大口
醬汁太淡了
就說是用剩菜剩飯做的啊！

※可對照潛規則 22

潛規則19

就連大人也會邊走邊吃或站著吃

Osaka Rules

短短數年，全日本各地裝潢時髦的立飲店[8]如雨後春筍般地不斷開張。配合店裡的時髦氣氛，來客也多是追求時尚的人，對下酒菜也非常講究。偶爾也會點價位較高的紅酒，細細品嘗享受，花的錢有時和坐著喝的店不相上下。忍不住想吐槽：「那幹嘛硬要站著喝啊？」

回歸正題，大阪梅田地下街有間名為「松葉總本店」的炸串店。雖然就是俗稱的立飲店，但這間店可是被稱為元祖DARK店。這裡的「DARK」是指歌唱組合「DARK DUCKS」，是個團員們會站成一排演唱的老合唱團。之所以會被冠上這個店名，主要是因為當客人越來越多，為了讓多一點客人進到店裡，客人就會緊挨著彼此站成一排，因此被稱為DARK DUCKS。當然客人也不會待在店裡太久，大口吃完炸串（當然「禁止重複沾醬」。據說提出禁止重複沾醬的始祖是新世界的炸串店「DARUMA」）、大口喝完酒，就拍拍屁股回家。每位客人的平均消費為一千日圓左右，這才是正統的立飲店。

除此之外，大阪還有很多站著吃、吃完就走人的店家。阪神百貨地下街的美食廣場就是如此，道頓堀有名的金龍拉麵也有很多客人是站著吃的。而且在南區一帶，到處可以看到站著吃、邊走邊吃章魚燒的年輕人。因為章魚燒能在肚子有點餓的時候馬上得到滿足，便宜又好吃，是一種完全符合大阪追求合理性精神的食物。這時誰還管什麼吃相呢！

潛規則20

貴的當然要好吃，流行便宜又大碗的店

Osaka Rules

即便放眼全世界，也沒有城市能像東京一樣，吃得到世界各國的美味料理，不過，還得附加「錢包要夠深」這個條件。

大阪人絕不認同「雖然很貴，但很好吃所以沒轍」的想法。他們貪求的是更便宜、更好吃的食物，而且對食物的份量、味道、氛圍、服務都很挑剔。

只要店家有其中一項不符合標準，無法保持整體平衡，立刻就會被大阪人背棄。場景若換到東京，那種味道雖差強人意，僅憑店裡裝潢氣氛賺錢的店家還勉強經營的下去，但在大阪，這種事情絕對不可能會發生。

「不僅貴得要死，還不好吃」，這在大阪是最要不得的。

與其華而不實，內在更重要。人們常說，在大阪吃飯很少會「踩到地雷」，但實情是，地雷級的店家早就先被大阪人淘汰了。

正如我們再三強調，大阪人之所以對食物的滋味與價格這般堅持，源自大阪早期是庶民的聚集之地，而以江戶為中心的武家社會認為，對吃這件事著墨太多，是件粗鄙的行為（對金錢也是同樣的價值觀）。

大阪可是庶民之地。

對平民來說，用自己賺的錢買好吃的東西來吃，是最大的樂趣。正因為是流汗賺來的錢，對味道與價格也就特別敏感。

再者，許多大阪人都是代代定居於大阪，因此對於大阪特有的高湯風味與濃醇自然有所要求。

東京則聚集了來自全日本各地的人，對於味道的好壞難以定出統一的標準，所以就算碰到有失水準的店，只要沒什麼大問題，就還在容忍範圍內。

只不過，若是帶大阪人去難吃的店，大概會被罵得狗血淋頭。

需要負責張羅公司聚餐時，可得在店家的選擇上多注意一點喔！

我，是東京目前爆紅的新主廚
這次打算進軍大阪，我要正面挑戰對吃很挑剔的大阪人！
好吃！
哇～太好吃了吧
這裡不錯啊！
呵呵呵，我果然是天才大阪人拜倒在我的手藝之下
好貴！
貴得亂七八糟！
貴得太離譜了
呵呵呵，這麼一來我肯定能在大阪揚眉吐氣了
幾天後
空蕩蕩
明明一直說好吃好吃的啊怎麼會這樣？
就跟你說太貴了啊！我們在這裡可是算是新來的店

潛規則21

不能容許店家上菜太慢

Osaka Rules

大阪人對食物的要求，可不僅止於便宜與好吃，速度也是講究的重點之一。身為善於忍耐的日本民族，個性急躁的大阪人卻對「等待」這件事毫無耐心。

舉例來說，走進餐廳點餐後，左等右等都不見上菜，甚至還送菜到比自己晚來的那桌。這對大阪人來說，可是件很嚴重的事。這時候他們肯定會抱怨：「明明是我們先來的，為什麼他們先上菜？」，儘管店家已經忙得焦頭爛額，他們也絲毫不會客氣，反而丟句：「還要等的話，我們就不要吃了」，接著直接甩頭就走。這情況要是發生在東京，肯定會與店家發生衝突，但在大阪，連其他客人都會助威地說：「這也難怪啦，那個人等了好久，真的很可憐耶」，而店家也不會氣得臉色發青，只是一味地低頭致歉說：「真是非常抱歉啊」！畢竟身處商業之都，店家怎敢與客人為敵，莫非是不要命了嗎？

大阪之所以會有很多烏龍麵店，也全是因大阪人的「急性子(IRACHI)」所致。大阪人特別喜歡油豆皮烏龍麵，因為這道菜只需要將煮熟的油豆皮鋪在烏龍麵上就完成了。這種烏龍麵一下子就能端上桌並吃完，所以才會深受到忙著接訂單與賺錢的商人如此支持。這種講究快速的店家與東京那種點餐後再開始擀製蕎麥麵的名店相較，簡直形成強烈的對比。

在大阪，要是點的菜遲遲不來，就該毫不客氣地對店員抱怨。「忍氣吞聲」絕對不算是美德！

潛規則22

把澱粉食物當成澱粉食物的配菜吃

Osaka Rules

日本人的餐桌通常以白飯、麵條這類澱粉食物為主食，再搭配富含蛋白質與維生素的配菜。若以此思維來看，大阪人的靈魂食物「大阪燒」到底是算主食，還是算配菜？拋開這些道理，毫不猶豫地將「麵粉製品」搭著「白飯」一起吃的，就屬大阪人了。

大阪燒是配菜，搭配熱騰騰的白飯，一口大阪燒配著一口白飯吃。並非一開始光吃大阪燒，白飯則配醬菜吃，而是與大阪燒交互著吃。有些人則會把大阪燒邊邊的碎屑鋪在白飯上，做成大阪燒丼吃。去大阪燒店，也能點得到大阪燒+白飯的大阪燒定食。大阪人認為只要淋上醬汁的就是配菜，也就是說，大阪燒就像漢堡排或可樂餅吧！

不過，不用吃過應該也能想像，這種澱粉食物配澱粉食物的組合真的非常容易堆積在腹部。因此即便是大阪人，食量較少的女性或正在節食的人就不會選擇這種組合，對那些想花少錢又想吃到撐的二十五歲以下男性，才是不二的選擇。

澱粉食物配澱粉食物的組合中，還有所謂的「烏龍麵定食」，就是將烏龍麵當成配菜，配白飯來吃，或是配什錦飯(拌飯)吃。在第五十七頁提到的松葉家的「雜炊烏龍麵」，就是將烏龍麵與白飯混成一起來吃的超合理菜色。提到營養價值方面？哎唷，這時就別再管什麼大道理了吧！

潛規則23

咖啡廳一定會賣綜合果汁

Osaka Rules

大阪的每間咖啡廳都有一項在其他地區很少見的商品，那就是綜合果汁。

走進大阪的咖啡廳，肯定會看到有人在喝綜合果汁。在炎炎夏日裡，點綜合果汁的人確實比點冰咖啡（大阪人稱作冷咖）以及冰茶來得多，還是大人小孩都喜歡的超人氣商品。

為什麼綜合果汁會成為大阪的招牌飲料呢？

有此一說是綜合果汁有效利用了多餘的水果，非常合乎大阪人追求合理性的個性。

若按此邏輯推斷，綜合果汁其實是非常神奇的一種飲料，因為只要是水果就能打成一杯，不管放了什麼都不能有怨言，畢竟店家早就明白地說是「綜合」果汁了呀！其中固定的成分只有牛奶與香蕉，其餘就只能交給店家包辦，真是種考驗消費者心臟的飲料。

有效利用剩餘資源這點，也可從烤內臟這項菜看出。

所謂的烤內臟就是將被稱為「HORUMONO」（要丟掉的東西）的內臟拿來烤的菜色，因此烤內臟才會被命名為烤「HORUMON」。

此外，還有一點值得注意，就是在大阪的靈魂食物中，有很多是「混拌食物」。

在大阪獨創的拌飯之中，有種「什錦飯」，是一種將油豆腐或牛蒡這類蔬菜拌在一起的飯，大部分的大眾食堂或烏龍麵店都能點得到。

就連咖哩也不例外，「自由軒」這間大阪名家，也是以混拌的咖哩聞名（這道咖哩就被命名為名產咖哩。先打上生蛋、加上醬汁，拌勻後再享用）。

外表雖然不甚美觀，但就別太拘泥於外表了。
唯有征服這些混拌食物，才能算得上是大阪人！

這什麼啊？綜合果汁挑戰？
敢喝的話就免費！
560日圓
綜合果汁挑戰
每天味道都不同
全部喝完
免費！
隨附兩片餅乾
350日圓
挑戰一次看看好了
久等了
加～油～
一口喝了吧～
噁！
這是什麼混什麼啊！
這絕對混了不是水果的東西吧！
這不是黑暗火鍋而是黑暗果汁
說不定大阪真有這種胡搞的咖啡廳……
好笑

潛規則24

會替食物加上「小」或「先生」的暱稱

Osaka Rules

會為「人」以外的東西加上稱呼的，應該只有童言童語吧？

例如：「我也想搭小車車～」、「獅子先生，好可怕喲～」

但在大阪，成熟的大人也習慣加上「小（CHAN）」或是「先生（SAN）」的稱呼，尤其是食物。這種傾向特別容易在大嬸或大叔身上看見。

最常聽見的就是「小糖糖（AMECHAN）」這種說法。

大嬸常在包包裡準備「小糖糖」，一有機會就會說「給你小糖糖吧！」接著把糖果分給身邊的人。這是大阪極為平常（？）的光景，就連大阪男子漢也會說出「請給我小糖糖」這種話。

除了糖果之外，還有「豆皮壽司＝御豆皮先生（OINARISAN）」、「油豆皮＝御油豆皮先生（OAGESAN）」、「稀飯＝御白粥先生（OKAISAN）」、「豆子＝御豆子先生（OMAMESAN）」的說法。

除了在詞尾加上「先生（SAN）」之外，在詞首加上「御（O）」也是固定形式。

老實說，這種加上「先生」的敬稱文化也擴展到食物以外的事物。

例如豐臣秀吉被稱為「太閤先生（TAIKOUSAN）」、神社裡的惠比壽大神也被稱為「惠比壽先生（EBESSAN）」，甚至有人還把松下幸之助這位知名企業家稱為「幸之助先生（KONOSUKESAN、KONOSUKEHAN[9]）」呢！

而這個現象，據說也與大阪的商人文化有關。

經商社會與武家社會不同，講求的是人人平等，「大人（SAMA）[10]」這種尊稱實在太誇張，但又怕失了禮數，所以普遍使用「先生」（SAN、HAN）這樣的稱呼。

當然，若不分場合地濫用，可能會讓人「KISHOI」（大阪腔的不舒服），不過想讓對話聽起來柔軟一點時，就可以使用「先生」（SAN、HAN）了。

希望大家學會這些進階的大阪腔唷！

Osaka Rules

交通篇

購物篇

食物篇

街道篇

詞彙．人際關係篇

生活百匯篇

潛規則25

一定會分清楚自己是北派或南派

首先來釐清這件事吧！

「你自己（大阪人有時會這樣稱呼對方）平常都在哪邊喝一杯啊？北區？」

被問到這個問題時，要是回問「你說的北是指哪裡啊？」的話，一開始就完全搞錯了。

大阪人口中的「南區、北區」，指的不是方位上的「南、北」，而是大阪市內的街區。

所謂北區，指的是大阪車站所在的梅田一帶，其商業色彩極其濃厚，所以少了幾分道地的大阪味。

而南區則是指難波一帶，吉本興業、固力果的招牌以及食倒太郎這類充滿大阪味的景點全都聚集在這一帶。

正如開頭所提到的問題，大阪人習慣將自己的活動範圍決定在其中一區。

「會去北區，也會去南區」的這種人少之又少。

這是因為不管是購物、喝酒還是吃飯，兩邊都一應俱全，所以南派的人不會大費周章地跑到北區，反之亦然。

不過，北區與南區之間的實際距離並不如想像中的遠。

從北區的中心點梅田到南區的中心點難波，僅僅是徒步就能走到的距離。

而且搭乘ＪＲ環狀線繞一圈的時間，大概和繞東京山手線半圈差不多。

但是，北派的人絕對不會背棄北區。

相對於東京人會依照目的前往不同的鬧區，但大阪人該說是頑固嗎？不對，該說是追求合理性吧！

總之，去到大阪之後，依照居住地點與公司位置，將自己歸類為北派或南派，才符合大阪的潛規則。

想腳踏兩條船？那可不行！

我，絕對是「北派」！
若以女性比喻的話
整體都很美，總之就是很高雅！
大概是這種感覺
你在說什麼啊 身為大阪人，一定是選「南區」啊！「南區」啦！
女性的話，就長這樣！
如同知音般，溫柔地包容一切，還有母愛般的溫暖！
哎呀哎呀 北區有北區的好 南區有南區的棒
我兩邊都難以割捨
你這傻瓜！
這種曖昧的態度只會傷了兩邊的心！
兩邊都想討好，真是下流！東京人果然就是不行啦！
咦，什麼時候在談女人了？

潛規則26

越往大阪的北邊，越接近上流社會

Osaka Rules

大阪北部的吹田、豐中、箕面、高槻屬於北攝地區，這地區的居民很討厭被人冠上所謂「濃厚大阪味」的形象。

老實說，這一帶與難波附近那種道地的大阪氣氛完全不一樣。尤其是屬於高級住宅區的箕面市，這裡為了維護街景，還訂立了專屬的造鎮條例，因此整片都是青山綠水、寧靜的住宅區。

除了箕面市，縱貫豐中市南北，被稱為「浪漫街道」的主要道路上到處看得到蛋糕店、咖啡廳與雜貨屋，充斥著與「大阪味」相去甚遠的時尚感。畢竟再怎麼說，這裡可是浪漫街道嘛……。

整體來說，往大阪的北邊走，接近京都、兵庫一帶，就是所謂的上流社會區；反之往南邊走，堺、岸和田、東大阪、河內長野這類靠近和歌山與名古屋的地區，就屬於庶民區……庶民還是好聽的說法，其實別人對這一帶的印象就是「治安不好」。

唯一的例外是大阪市南部的帝塚山地區，是個關西企業家與名人居住的幽靜住宅區。在地勢平坦的大阪，帝塚山是唯一的台地，蓋滿西式或日式風格的各式豪宅。

因此若遇到說自己「雖然也算大阪，但其實是住在箕面」或是「雖然會到難波買東西，不過住在帝塚山」的人，他們肯定名流人士，跟他們多交流絕對不會吃虧。

潛規則27

追求虛榮的話，就住在阪急沿線吧！

Osaka Rules

在東京，不同的鐵路沿線各有不同風情，而大阪也有相同的傾向。

其中能明顯感受到的，是連結大阪梅田至神戶間的ＪＲ、阪急電鐵與阪神電鐵。一比較這三條路線，就能發現從車內風景（乘客的種類）到車外風景都有很大的差異。

阪急電鐵被定義為「名流線」、阪神電鐵被定義為「庶民線」，而ＪＲ則居中，屬於「各形各色線」。

尤其是阪神與阪急，這兩條路線的差異一目瞭然。

阪神電鐵行經的是最南側的庶民區，而阪急電鐵則行經靠近山邊的住宅區（ＪＲ則在兩線中間）。因此，阪急電鐵的乘客通常都滿時髦的。

到了兵庫縣也有同樣的傾向。

即便尼崎被認為治安不好，但只要住在阪急沿線就過關（？）；反之，即便芦屋是富豪區，只要住在阪神沿線，難免給人一種「雖然是芦屋，但住在阪神沿線啊……」的感覺。

簡單來說，不管住在哪裡，只要是「住在阪急沿線」，身價就會稍微水漲船高。

阪急電鐵之所以能樹立出如此好的品牌形象，全拜阪急集團創辦人小林一三先生的先見之明。

小林先生將沿線的土地買下，蓋好住宅後再分售給居民。

據說當時小林先生如此大聲疾呼：「住的地方烏煙瘴氣，導致人生變得悲慘的大阪市民啊！」（真是有夠直白的），呼籲市民移往郊區居住。

雖然阪急電鐵與阪神電鐵已於二〇〇六年十月整合，但兩線給人的印象大概不是一時半刻就能改變的。當然，阪神的庶民氛圍也不差，再怎麼說，還有阪神隊的聖地——甲子園嘛！甲子園的品牌地位可是神聖不可侵的呢！

新來的美江春小姐住在哪裡呢？
芦屋呀～
怪不得散發著名媛的氣息呢！
那，我們去搭阪神電車囉
美江春小姐是搭阪急吧～
是呀明天見囉
啌嚨
啌嚨
芦屋川～
芦屋川～
其實我家離阪神電鐵的芦屋站比較近
但我可是美江春耶！
狂踩
狂踩
N
芦屋川
JR芦屋
芦屋
我家

潛規則28

尼崎市不屬於兵庫縣，而是歸在「大阪」的

Osaka Rules

現在日本全國各地出沒的「不良少年[11]」，據說發源自大阪。最有力的說法為一九七〇年代到八〇年代之間，群聚在難波美國村的少年被稱為「不良少年」而開始的。

順帶一提，不良少年這個詞可能來自他們喜歡在語尾加上「～yanke[12]」，也可能是來自於關西腔的「YANCHA[13]」。

那麼，提到因「不良少年」盤據而臭名遠播的地方？答案是兵庫縣尼崎市。

尼崎因DOWNTOWN[14]等搞笑藝人輩出而聞名，同時也是所謂「不良少年出沒之地」。

因此，同是兵庫縣、與尼崎為鄰的三宮與神戶都急著與尼崎劃清界線，把尼崎視為大阪的一部分。順道一提，尼崎的電話區碼與大阪一樣都是〇六。

尤其是尼崎阪神電鐵沿線的區域，有很多不良少年出沒。

共有三條鐵路途經尼崎，分布從沿海開始，依序是阪神電鐵、JR、阪急電鐵，聽說越接近海邊，治安越差。

如果真的想見識什麼叫做不良少年，不妨試著在阪神電鐵的尼崎站下車。肯定能發現群聚在車站前面的不良少年，身穿夾克或運動服、腳上穿著涼鞋。

有時也能看到不良少年夫妻檔帶著後面頭髮留成Jumbo髮型（因職業高爾夫選手Jumbo尾崎而流

行，一種髮尾留長到脖子的髮型）的小孩，假日在超市或影視出租店附近徘徊。

不良少年源自大阪，近來已成為一種懷舊形象。

想見識道地的不良少年的話，就往「尼（AMA）」（關西人都這樣稱呼尼崎）出發吧！

提到尼崎就想到
很有名的DOWNTOWN
順帶一提，
尼崎不屬於大阪
而是兵庫縣尼崎市
那個漫畫《N○○A》的
作者矢澤愛的故鄉
也是尼崎
話說，
甲子園也不在大阪
而是在兵庫縣西宮市
而且矢澤愛的筆名
似乎取自她敬愛的
歌手「矢澤永吉」
CAROL樂團時代
當時的小永
真的很瀟灑
順帶一提，
淡路島不屬於德島
而是兵庫縣
果然是
跟她的初戀情人
有點神似……嗎
拍
小妹妹
小心一點
回家吧～

潛規則29

搭乘電扶梯時，靠左站的肯定是外地人

Osaka Rules

若要舉出大阪與東京之間決定性差異，電扶梯的靠邊位置肯定榜上有名。在新大阪站、伊丹機場、關西國際機場附近，外來客混雜的區域，靠左靠右還是不太明顯，但，一進入大阪中心，差異立刻一目瞭然。

沒錯，大阪的電扶梯絕對是「靠右站」，與東京恰恰相反。

大阪人之所以靠右側站，其中最為有力的說法，是大阪萬國博覽會之說。放眼世界是以靠右站為主流，因此據說在舉辦萬國博覽會的時候，就順勢將靠右站的規則導入大阪。

不論理由為何，若人在大阪，還像個傻子站在左側，那就等於是昭告天下表明自己是外來客，不只會害自己丟臉，甚至會引來別人指著你的鼻子大肆抱怨。對於習慣一邊右手扶著扶手、一邊走動的關東人來說，要靠著左側走還真是意外地高難度。可能得先找台沒人的電扶梯練習看看，不然就為自己保留一點面子，避免在人潮洶湧的電扶梯走動，總之在習慣之前最好不要輕舉妄動。

若要說得再精闢點，性急的大阪人很少乖乖地站在電扶梯上不動，多數都會急著在電扶梯上走動。

所以，進階版的電扶梯潛規則就是「右側是一般車道，左側是超車道」，連搭乘電扶梯也不能稍有鬆懈，只要能發揮這種凡事搶先一步的競爭精神，就稱得上是道地的大阪人了。

潛規則30

搭乘電動步道（Moving Walk），走動是基本常識

Osaka Rules

能夠一窺大阪人「急性子（IRACHI）」的真面目之地就在梅田站站內的「電動步道」，大阪人稱為「Moving Walk」。

若是東京的電動步道，走動的人與靜止的人大概是一半一半的比例。

但在大阪，肯定是所有人都在走動。不管是商務人士、大嬸大姐，甚至是老奶奶與老爺爺，全部的人都在走。而且還不是悠哉地走，每個人都是急急忙忙地走著。大阪人的步行速度原本就快，加上走在電動步道上，不禁讓人有種在看影片快轉的錯覺。

猛然發現有人站著不動，正心想「哇哇～還是有嘛！」的時候，就發現對方不是腳受傷就是拄著拐杖的老人家，根本就是特例嘛！

這麼一來，如果身體健全的人站著不動，會被如何看待？首先一定會被當成是怪人，運氣差一點，有可能會聽到後面的人大喊：「滾開，你這蠢蛋！」然後尾椎（？）被踢一腳吧！總之若非勇氣十足或超級不識相，千萬別打算在快轉的速度裡，當靜止不動的人喔！「我很閒，又不急著去哪」的理由可是不管用的，即便沒什麼特別理由，也該快步前行，這才符合大阪的潛規則。如果不想被後面撞個正著，就閉上嘴往前走吧！就算已經累得半死了……。

潛規則31

被人問路時，
不知道也至少要說個方向
才算有禮貌

Osaka Rules

「什麼啊，幹嘛這麼冷漠？」

大阪人去其他地區時（尤其是東京，或說是針對東京），最驚訝的該是他們對問路的外地人，那副置若罔聞的態度。

東京人很懂得被搭話絕對沒好事的這個道理。

對行走中的人開口詢問「請問～？」的話，很可能會被忽視。雖然還是可以找站在路邊沒事的人或店家問路，但可能只會得到一句「我不知道」就不了了之。

東京人心中有種「絕不能說出不正確的事情」的觀念，意思是絕不提供未經證實的資訊，他們認為這樣才禮貌。

但大阪人就不同了。

即便不知道路，也會說：「我覺得是這個方向，不過你最好走到那個十字路口，再問問別人吧～」

他們從不吝於提供自己所知的資訊。

遇到很親切的人，甚至會幫你問其他人。要是找同行的兩人組詢問，很可能會聽到「走這邊可以抄捷徑」、「哪有，走那條路才快啦！」的回答，彼此爭奪看誰的資訊比較有用。

要是向看起來很閒的大嬸問路，可能會得到「既然要去那邊，我就帶你去吧！」的回答，只是不知道是該覺得感激，還是覺得麻煩就是了。老實說，做到這種程度還算是親切嗎？實在讓人搞不太清楚！

雖然偶～爾也會指錯路，但仍然很感謝大阪人那濃濃的「人情味」！

這才符合大阪的潛規則嘛！

左顧
右盼
糟了，迷路了
該怎麼辦
RURUPU 大阪
妳找不到路嗎？
興奮
呀～型男♡
啊，這裡的話
在第二個紅綠燈
右轉就到了喔
RURUPU 大阪
路上小心囉
震驚
咦？怎麼回事？
不是搭訕？
只是很親切的人？
喲，小姐～
要去哪裡啊？
要不要我帶你去？
逼近
咦？又來了
搭訕嗎？
還是推銷？
是大阪特有的禮貌

潛規則32

在街上見到藝人時，
要不打聲招呼，
要不就跟著走

Osaka Rules

「明明遇到明星，東京人為什麼老是裝做沒看到？」

這是大阪人心中永遠的疑問。正如大家所知，若不計較名氣高低，在東京的確常有機會遇到藝人。不過，就算心中驚呼：「啊，是○○啊」，最多只能瞄個一眼，就要假裝沒看到，這才符合東京的禮儀。一直偷瞄當然不行，湊上去打招呼更是不知好歹。

大阪也一樣，走在路上常能遇見在地偶像或吉本興業的搞笑藝人，但大阪人可不像東京人，絕不會讓他們就這樣從眼前消失，要不衝上前打招呼，要不就跟著他們。在大阪之所以能立刻察覺到有藝人出沒，是因為藝人身邊總是圍繞著一群人。藝人們通常也不會擺出厭煩的樣子，而是與大家閒話家常，沒有一點明星的架子。

大阪人從來沒有上前打招呼會不好意思的顧慮，他們想的是「好不容易遇到，就想知道藝人待會要做什麼嘛！」、「這麼難得的機會，不打聲招呼太可惜了」、「這麼難得，要不要請他幫我簽個名啊～」。至於「只不過是遇見藝人，何必大驚小怪，真是太丟臉了」的想法，大阪人可從沒想過。

他們認為「畢竟很難得」、「不要浪費嘛」！總之，沒有打招呼，就虧大了！

大阪人對於得失的錙銖必較，就連在遇到藝人這件事上也表露無遺呢！

Osaka Rules

交通篇

購物篇

食物篇

街道篇

詞彙. 人際關係篇

生活百匯篇

潛規則33

禁止使用「～jan」

東京地區使用的是標準日語，或說是通用日語，這是多數日本人的共同認知。但大阪人可不這麼認為。他們認為東京使用的語言屬於「東京腔」，只不過是方言的一種，大阪人的心聲是「東京就是全日本的標準？別開玩笑了」！

因此，大部分的大阪人都很討厭東京腔，尤其他們覺得男性的東京腔太娘娘腔、太做作，通常沒什麼好印象。

其中最不該脫口而出的就是「～jan（對吧）」。正確來說，「～jan」是橫濱腔，但現在彷彿已成了東京腔的代表選手。要是試著在大阪人面前連珠炮地說出「～jan」，肯定會被吐槽：「搞什麼，幹嘛jan來jan去的？」。其實「～dayone（就是啊）」或「～desho（是這樣吧）」也很危險，這些詞聽在大阪人耳朵裡，都會讓他們「KISHOI」、「SABUIBOTATSU」（關西腔的不舒服和起雞皮疙瘩）。

但話說回來，勉強自己使用大阪腔的話，可能會害自己陷入窘境。不看場合亂用「～deoma[15]」這種只有搞笑藝人才用的詞彙，被大阪人敲頭也只是剛好而已。

不如一起挑戰看看大阪腔初學者也能琅琅上口的說法吧！「好冷吶啊」、「不行吶啊」，大阪腔都有這種拉長語尾的傾向，只樣這樣就能輕易地模仿。「一起喝一杯吧～」、「要不要去呢～」，只要稍微拉長語尾，聽起來就很像大阪腔了jan（!?）。

潛規則34

無法忍受
奇怪的大阪腔

Osaka Rules

「要融入大阪這塊土地或是和大阪人打成一片，就該說大阪腔」，應該沒有人有這種誤會吧？因為就某種意義而言，這可是項非常危險的賭注。

大阪人對大阪腔愛到入骨，所以對於亂用大阪腔的外來者毫不留情。

尤其自從大阪的搞笑藝人開始進軍全日本演藝圈之後，就有越來越多人把大阪腔模仿得荒腔走板。

大阪人對於這種情況非常不滿，所以使用大阪腔的時候，要格外留神。

一般人看電視的時候聽到大阪腔時，常會覺得大阪腔比其他地區的方言還容易理解，所以就誤以為大阪腔很容易模仿，但老實說，要準確地發音是很困難的。

日語在本質上是種抑揚頓挫較不明顯的語言，但大阪腔的語調卻擁有絕妙的起伏。

比方說，標準日語的「今天好冷啊」，會以極為平板的語調表現，但大阪腔的「好冷」卻會故意拉高「sa[16]」的音。要熟悉這些音調變化，得經過相當程度的訓練。

要說得一口流利的大阪腔，其實是有一些訣竅的，例如潛規則33裡介紹的「拉長語尾」就很簡單，也很建議初學者使用。

像是把「要不要喝點茶？」說成「茶～要喝嗎～？[17]」或是把「那傢伙不會來唷！」說成「那傢伙，不來咧～[18]」，以及把「那麼貴怎麼買得了」說成「貴啊～買不下手[19]」。

不然先把敬語的「～haru」學起來，就有備無患了。
「～haru」的用法為「iku（去）＝ikaharu」、「kuru（來）＝kiharu」、「suru（做）＝shiharu」。
若能自然地在語尾加上「haru」，談生意的時候就能以大阪腔與大阪人過招了。請張大耳朵，仔細聽聽在地人的語調，嚴格地磨練自己的大阪腔吧！

哇，已經好久沒進來今日子的房間了
你來得這麼突然我房間都沒整理好
喔 小Q也好久不見啦！
而且還用我教的大阪腔打招呼耶！
最近賺翻了嗎？
最近賺翻了嗎？
最近賺翻了嗎？
最近賺翻了嗎？
今日子！妳、妳偷吃了吧！
你、你在說什麼啊
嚇到
語調完全不對！假大阪腔！
被別的傢伙重新教過了吧 我聽出問題了！

潛規則35

對話最重視一搭一唱

Osaka Rules

乍聽大阪人之間的對話，有時很像在說相聲。

不過仔細一聽，會發現其實不是什麼有趣的內容。

這是當然，就算是大阪人，也不可能每個人都像明石家秋刀魚[20]一樣，隨時都能吐出有趣的話。

之所以聽起來有趣，祕密全在於對話的節奏與措辭。

大阪人總給人一種「拼命說笑話」的印象，但正確來說，他們比較像是拼命地「讓對話更有節奏，讓氣氛更有趣、更熱絡」。

與大阪人對話的重點在於如傳接球般一搭一唱的技巧。

不管是一對一的對話，還是一大群人聊天，都必須在瞬間找到自己的定位，了解自己被賦予的角色（負責「裝傻」或「吐槽」），進而做出反應。

不如聽聽在居酒屋詢問店員推薦菜色的例子吧！

A「不好意思，今天有什麼推薦的料理嗎？」

店員「你有不愛吃的東西嗎？」

A「嗯～我啊，我不敢吃鱷魚肉耶！」（↑裝傻）

B「你傻了啊，居酒屋怎麼可能賣鱷魚肉」（↑吐槽）

A「對吼，小哥，麻煩你別上鱷魚肉喔！」（↑再次裝傻）

B「你這人很麻煩耶！」（↑再次吐槽）

……大概會是這番內容。

在A裝傻的當下，B立刻知道自己該擔任吐槽的角色。

這時要是不識趣，還疑惑地問「咦，鱷魚？」，那可就壞了對話的情趣。

要是一大群人聊天，從一開始精細的傳接球到最後傳到前鋒（眾人之中，說得最有趣、最高招的那個人）得分為止，都需要非常緊密的串連。請務必記得，一旦傳球失誤或搞烏龍，可是會領到紅牌被驅逐出場的喔！

難波商店街隊接到球了！
砰
大家衛生紙都用單張還是雙張？
我是單張派！
我也絕對是單張派！
因為雙張一下子就抽完了
托球
要是老公跟小孩都大號的話一天就用完一捲了！
別一直說什麼單張單張的
殺球
反正我就是「單身」啦～
這一記殺球非常強勁！
江戶通媽媽隊完全無法招架！
耶～
難波商店街隊得到一分！

潛規則36

為了被稱讚「是個有趣的傢伙」，從小就精進自己

Osaka Rules

運動或是藝術都該從小開始培養，進步得比較快。若要成為該領域的佼佼者，更必須在專業的指導下，接受嚴格訓練。對大阪人而言，「搞笑」也是如此，他們的搞笑水準之所以如此之高，全拜自幼就實行菁英教育所賜。

首先從家庭教育方面就有所不同。在其他地區的家庭裡，小孩要是惡作劇肯定會被罵：「別做那些蠢事，會被人恥笑的」，他們的教育觀念認為「被笑＝不該做的事」。

反觀大阪就不同了，小孩常被笑著稱讚：「你好有趣喔！」，要是小孩被別人說：「你跟你爸媽一樣傻傻的呢～」，父母聽到也會甜在心裡。

常被這樣褒獎的小孩，自然會努力地培養自己的喜感，在學校裡也會努力地逗同學笑，希望成為班上的人氣王。可是，競爭者眾，戰況激烈。考試考輸別人就算了，唯獨不能容許班上有人比自己還好笑，每天早上都會認真地想：「今天該說些什麼，逗笑大家咧？」

只要打開電視，就能看到搞笑藝人表演，所以大阪人隨時都能學習到專業的搞笑技巧，甚至連看似平凡的鄰居大叔或大嬸，也能隨便脫口說出有趣的話。這才是菁英教育的極致！這些孩子去看吉本新喜劇的表演時，會想：「我其實也算滿會搞笑的吧！」於是夢想成為搞笑藝人也是非常自然的反應。只不過也有單純自我感覺良好的例子。

潛規則37

誰都無法容忍說話無趣的傢伙

Osaka Rules

「你這傢伙很無趣耶！」

這句話簡直是對大阪人判死刑。在大阪這個搞笑帝國裡，「有趣的傢伙」的地位遠高於長相出眾、學富五車的人，其中「無趣的傢伙」階級最低，不對，或許連容身之處都沒有。

在大阪，對於說話不有趣的人，吐槽可完全不會手下留情——「你很冷耶！」、「這一點也不好笑」。大阪人對於自幼訓練的搞笑功力帶有驕傲，絕不會為了應付場面假笑。不過呢，這樣的吐槽在某種意義而言，也是一種愛之深責之切的表現。「你真的說了很無聊的話耶！」就算被這麼說也千萬別氣餒，應該感謝對方「還肯接話」。

對於「總是沒辦法把話說得有趣」的人來說，最簡單的就是把自己失敗的經驗與糗事拿出來聊，這其實也是大阪人最常用的一招。就連女孩子也能若無其事地，聊起自己曾在別人面前大流鼻血或是尿褲子被捉弄的往事（大概啦）！甚至還能拿自己的缺點（例如暴牙、短腿或是胸部很小啦）開玩笑，然後跟著大家一起大笑。使盡全力地暢談正是笑點所在，這時候心胸寬大地接受別人嘲笑（或是嘲笑對方）才符合大阪人的禮儀。

在大阪，「說說笑笑、逗笑別人」才是對的。務必記得「沉默是禁」[21]唷！

潛規則38

罵人「傻瓜」是種疼愛對方的表現

Osaka Rules

「你是傻瓜嗎?」

「你真傻啊!」

「你別傻了啦!」

大阪人平常都會用「傻瓜[22]」這個字眼。

東京人要是聽到「你這傢伙傻了嗎?」,大概會有很多人不開心,但在大阪,絕對沒有人會因為被罵傻瓜而生氣。

正如本書再三強調的,大阪人始終認為被笑是件很好的事,所以才會故意做些傻事與說些傻話。

「你真傻啊!」這句話雖然有點揶揄的意思,卻也包含了「你傻得真妙啊!」的讚許。因此對話中只要出現「傻瓜」,說的人與聽到的人都會笑成一團。

東京腔中也有對應大阪的「傻瓜」的字眼,那就是「笨蛋[23]」。「你這小笨蛋~」、「真的很笨耶~」「別說那些笨話啦」!

東京人常連珠炮地脫口而出「笨蛋」,但要是在大阪這麼說,有可能會爆發激烈的口角。因此在大阪可得節制一點地使用「笨蛋」一詞。

依據關西自豪的搞笑電視節目《偵探!Knight Scoop》的企劃中,誕生出的《全國傻瓜、笨蛋分布研究》（新潮社）一書，指出「笨蛋」是京都自古就持續使用的古老字詞，而「傻瓜」是在這一世紀才開始使用的外來語，所以「傻瓜」一詞才始終無法普及到關西之外的地區。

反正被大阪人說「傻瓜」時，無須生氣地回嘴「你幹嘛」！

當然，若是因為做了什麼很無趣的事才被罵「傻瓜」，那情況就另當別論了。這時候或許該多少檢討一下，此時要是還不識相地笑個不停，大概會被當成腦袋有問題吧！

尋找關東與關西的情侶！
甩巴掌
笨蛋
等等我，我知道錯了
妳傻了嗎？
你才是傻瓜啦！
什麼笨蛋
你是笨蛋嗎～！
你還真是小傻瓜呢！
你還真傻呢～
你這個小笨蛋呀～

潛規則39

可從對方的關西腔大致判讀出對方的居住區域

Osaka Rules

關西地區以外的人常把大阪腔、神戶腔或京都腔混為一談，全部當成關西腔，這大概是因為他們不懂箇中差異。但對關西人來說，只要從語尾或用字遣詞，就能推斷出對方的居住區域。

神戶腔的特徵就是會在語尾加上「～shitou」（標準日語的「shiteiru」），可是這種說法幾乎不會在大阪腔出現。京都腔則常使用大阪腔裡也有的敬語「～shiteharu」，不過京都腔的特徵是會放慢節奏與拉長語尾，說成「shiharimasunoo[24]（您在做什麼呢？）」和「eekotonainotochigauu[25]（不就沒什麼好事嗎？）」，重點就在於說得優雅。

即便位於大阪府內，也會因區域而多少給人不同的印象。最近差異性越來越不明顯，但北部攝津區域與南部河內、和泉（泉州）區域，兩區對話給人印象就不太一樣。常於漫才[26]或吉本新喜劇中吐槽所使用的「風格強烈的大阪腔」較近似河內腔，例如最具代表性的「ondoryaa, ware」（大阪腔的「你這混帳」！發音要捲舌，不過現在很少人會這樣用了）氣勢十足且印象強烈，大家所認知的粗俗的關西腔就是這樣。泉州區域的腔調雖然也接近河內腔，但有「tukuttaroka（做了嗎？）」→tukuccharoka」這種將ta行轉成「cha」的傾向。一般認為攝津腔是最標準的大阪腔，使用範圍包括大阪市、北攝，乃至於阪神地區。高級住宅區的北攝地區則與京都腔有些類似。總之，認為關西腔全都一樣的話，可是大錯特錯的喔！

潛規則40

拒絕的時候會說「我再考慮考慮」

Osaka Rules

「請容我再考慮考慮」、「我會再想想」

若身為業務員，聽到客戶這句話，可不能就此信以為真。要是隔幾天真的問對方「不知道您考慮的結果如何？」這種蠢問題，對方以及得知此事的上司肯定會劈頭大罵「傻瓜」。

大阪人雖然常給人「直來直往」、「犀利」的印象，實際上他們喜歡選擇避重就輕而委婉的措辭。與別人道別或離開店家時所說的「下次還會再來」或「那，下次見」，其實沒有什麼意思。如果反問「那，下次是什麼時候？」，反而會讓對方感到困擾。否定對方時，也比較習慣圓滑地說：「不是、不是啦～」或是「不是這樣的啦～」，而不是直接說：「你錯了」。

大家都聽過的「BOCHIBOCHI」（大阪腔的「還可以」，被問到「最近過得如何？」時，就會回答「唉，BOCHIBOCHI」），也屬於曖昧又避重就輕的表現。這與以清楚流暢為賣點的東京腔（江戶人的語言）有很大的差異。

在商人的世界裡，必須為往來對象顧全面子，維持良好的關係。盡可能給對方圓融的形象，別讓對話產生緊張感，如此才能建立起關係，這就是大阪這個商人之城的潛規則。

如果懂得阿吽的呼吸[27]之道，了解何時該「體貼」對方，大阪的生意經也就不會那麼恐怖了。

我是新木初
從今天開始
在大阪工作！
據說大阪人說話
直來直往又犀利。
我也要以直球
一決勝負！
原來如此啊～
請容我考慮考慮
喔喔
嗯哼～
呼
讓我再想想
所有客戶都回答
「再考慮考慮」！
感覺不錯
碰
你這傻瓜！
是全都沒戲了啊！
我的活躍
請參考《第一次跑業務就上手》
（中經出版）！

喔喔欸～
我再考慮考慮
真的嗎？
您真的願意考慮？
您說的考慮我可以當成您真有在打算這件事嗎？
那下次再多多指教囉
真的嗎？
下次真的願意再見我一次嗎？
我已經被這句背叛好多次了！
拼命
對吧
從那之後，再也沒機會見面……

潛規則41

Motor Pool不是「游泳池」，Fresh也不代表「新鮮」

Osaka Rules

大阪的街道裡，「motor pool」的招牌四處林立。這時候可別傻傻地問：「是哪裡有游泳池嗎？」，因為，雖然名稱裡有「pool」，指的卻不是給人游泳的游泳池，而是給汽車停駐的停車場。這個詞屬於大阪特有，不過卻是源於英文。原本的motor pool是指集中停在車輛調配場裡的軍用或官用汽車，完全沒有停車場的意思。順帶插個題外話，尼崎的尼崎Center Pool是個賽艇場。總之，在motor pool看不到穿著泳裝的可愛小姐，倒是會看到長相有些猙獰的大叔啦！

改變外來語原意的例子還不少。例如「BATTERA」一詞，意思是鯖魚押壽司，雖然關東人可能沒聽過。總之，這詞是源於葡萄牙文的「bateira」，原為小船的意思，是因為押壽司的形狀很像船，鯖魚押壽司才被冠上這個名字。這在押壽司文化深厚的大阪可是非常普遍的食物喔！順帶一提，九州一帶也會使用這個詞。

再舉一個英語的例子，只是「fresh」這個詞的用法實在讓人覺得有些牽強。在大阪的咖啡店喝咖啡時，會聽到：「我可以把fresh收走了嗎？」，意思是「我可以把奶球收走了嗎？」。據說這個說法的由來，是大阪八尾市的MELODIAN公司於一九七七年推出奶精的奶球包裝並命名為「Coffee Fresh」。不過奶球其實是以植物性油脂為主成份的加工食品，完全沒用到半滴鮮奶，實在一點也不fresh（新鮮）。

潛規則42

「獲勝了耶！」指的當然是「阪神」贏了

Osaka Rules

巨人隊的棒球賽事，九〇年代的收視率超過百分之二十，現今收視率已下滑至平均百分之五。一手拿著啤酒一邊觀賞夜間球賽，當年有如牧歌般樸實的客廳景象如今何在？

非也非也，大阪到現在仍然堅守著棒球這項國民運動的王座。只不過比起棒球界的局勢，大部分的大阪人只在乎「阪神虎」而已。

日本再也沒有像阪神虎球迷這麼忠貞的運動迷了。

隨著棒球人氣一片低迷，「自稱是巨人隊球迷」的人越來越少（或許是一堆人轉向大聯盟或足球，變成盲目的一日球迷？），如今只有阪神虎球迷仍忠心耿耿地支持著阪神虎隊。

穿上球衣，唱著每位選手專屬的加油歌，大聲地敲著加油棒加油。

獲勝時，會在球場上再度唱起加油歌以及六甲颪（阪神虎隊歌），落敗時，則噓聲四起。但不管勝負，總是會再來加油，不斷地重覆這個循環。

沒能親赴現場的人，會在公司關注網路快報，然後暗自發出「啊～」、「喔！」的聲音。

「啊～」後面通常是接「輸了啊……」；「喔！」後面則通常接「贏了」！

總之不管輸贏，講的都是「阪神隊」就對了。

另一個值得注意的是，大部分的阪神虎球迷都是「反巨人隊」的一員。

這是早在一九三五年，巨人隊與阪神虎隊的前身——「大阪虎隊」與「東京巨人隊」誕生之際就結下的世仇。

或許可以說阪神虎隊迷＝反東京成員吧！如果你的上司是狂熱的阪神虎球迷，可千萬別在辦公室說阪神虎隊的壞話，也要避開使用任何崇尚東京的用詞。

我是新木初
從東京調來大阪
已經一個月
正陷入事業低潮
蹉 蹉
唉～
要獨自一人
藉酒澆愁嗎
贏了耶！
小哥，真是太棒了啊！
擊掌
叫好
咦？
什麼？誰啊？
小哥啊！
幹什麼愁眉苦臉啊！
獲勝了耶！
摟近
還真行啊！
雖然我總是落敗
但莫名地從大家身上
得到勇氣了！
颯爽的六甲風～
飛向蒼天
日輪的青春～[28]
太感謝了……
大阪真是個好地方！

潛規則43

喜歡強勁的阪神隊，但也喜歡把差勁的阪神隊拿來當話題

Osaka Rules

阪神虎隊有段時間曾被戲稱為沒用虎，不過近年來確實變強了。二〇〇一年，星野仙一先生就任總教練一職。接著阪神虎隊於二〇〇三年稱霸中央聯盟，二〇〇四年位居第四，二〇〇五年則再次稱霸中央聯盟，二〇〇六年名列第二，果真是猛虎大復活！

在眾多虎迷之中，有人對此感到無上的幸福，卻也有人感到莫名的失落。因為，有些阪神虎的球迷很特殊，特別喜歡「差勁的阪神虎隊」。

這就是所謂「不成材的孩子才惹人疼愛」的心情吧？有點像是成績原本不好的孩子突然名列前茅，心中反而覺得落寞的感覺，這類球迷的心理還真是複雜。

會「喜歡差勁的阪神虎隊」的人，通常都是年長的資深球迷。

阪神虎隊輸球時，他們總是會大喊：「NANGIYANAA（大阪腔的「真是糟糕啊」之意），但聽起來，話裡好像挾雜著些許喜悅感。

「真是的，這些孩子還真是內弁慶[29]啊，出了甲子園就沒辦法贏球」、「每次都要死亡行軍[30]，怪不得會這樣啊！」……他們常這樣邊發牢騷邊喝酒，有時也會將自己的心境投射在球員身上。

不過請不要誤會，他們絕不是希望阪神虎隊一直這麼弱下去。

他們對阪神虎隊的疼愛，是一種「我家小孩被欺負」的父母心。

因此，若是球迷資歷尚淺、或者對棒球沒那麼了解，可別輕易地附和他們。因為只有父母能看不起自己的小孩，所以不相干的外人若敢說三道四，父母肯定會與對方拼命。

聽到他們對阪神虎隊有所貶抑時，最好聽聽就好，轉向其他話題才是明智之舉。

Osaka Rules

交通篇

購物篇

食物篇

街道篇

詞彙．人際關係篇

生活百匯篇

潛規則44

共同的兒時記憶是星期六下午收看《吉本新喜劇》

星期六一放學急著衝回家，就為了趕上十二點五十四分開始播放的《吉本新喜劇》（每日放送電視台）。這絕對是大阪人共同的兒時記憶，因為這可是長達數十年以上的長壽節目。然而卻不太在東京民營電視台播放，節目曾嘗試改版成適合東京人收看的《超！吉本新喜劇》，並於黃金時段進行全日本播放，最後因不受關西地區歡迎，而草草下檔。

《吉本新喜劇》的特徵，在於成員的「搞笑段子」之間，有種和諧的默契與趣味，不斷地重複著固定的橋段。例如重量級搞笑藝人——桑原和男的「不好意思，請問是哪位？我是隔壁的小和。請進。非常感謝」（這是在登場時的固定對白。也有在「請進。」後面回答「還是算了吧！」的版本）、間寬平的「AHEAHE」、Charlie濱曾獲流行語大獎的「……那，就是～沒有嗎？」，這些橋段和故事發展都十分淺顯易懂，就憑著特有的節奏與喜感而博觀眾一笑。

大阪與東京的笑點之所以不同，正是源於這種搞笑基礎上的差異。大阪人的搞笑，是重複習以為常的裝傻／吐槽，時不時加上反吐槽[31]，藉由兩者搭配產生絕妙的節奏感。而大阪人都是自幼開始學習這些竅門。反觀非大阪人，因為沒有這種基礎，對裝傻與吐槽沒有概念。所以若想學會大阪風格的搞笑術，就該先造訪「難波豪華花月劇場」（NGK），欣賞吉本新喜劇的現場表演。

潛規則45

能舉出五位以上《偵探！Knight Scoop》的歷任偵探姓名

Osaka Rules

《偵探！Knight Scoop》是關西當地（朝日放送電視台）從一九八八年開始播放的電視節目。儘管是晚上十一點才開始播放的深夜節目，近年仍擁有百分之二十左右的高收視率（也有突破百分之三十的收視紀錄。也曾於關東一帶進行播放，但收視率似乎遲遲不見起色）。

節目的概念極為簡單，就是由扮成偵探的藝人與投稿觀眾一同解決提出的問題或請求，然後再發表結果。節目受歡迎的祕訣，在於一般觀眾的個性非常鮮明，甚至比偵探還活躍、有趣。大概只有大阪（人）才做得出這樣的節目吧！

不如以在一九九七年播放的「想與假人模特兒結婚！」企畫為例吧！當年有位女性觀眾寫信到節目，信中提到她愛上在釀酒場遇到的帥氣假人模特兒，希望節目能成全「希望能與那個假人模特兒結婚」的這個願望。當時是由間寬平擔任偵探一職，最後將女方的所有家屬叫到飯店的教堂舉辦婚禮。這雖然是個讓人不禁懷疑「有必要玩得這麼大嗎？」的企畫，但過程中，情緒高漲且多才多藝的大阪民眾陸續登場，讓整個節目變得非常好笑。順帶一提，第一位偵探局長為上岡龍太郎，現任局長則為西田敏行。偵探成員則有北野誠、桂小枝、長原成樹、石田靖、間寬平等人[32]。除此之外，演員生瀨勝久曾以槍魔栗三助之名參與演出，藝人中山肌肉君也曾以素人身分上過節目。所以說若想了解一般的素人到底有多好笑、大阪人的搞笑水準到底多高（或是異類），一定要收看這個節目。

潛規則46

能舉出五位以上
僅活躍於大阪的藝人

Osaka Rules

在大阪電視節目上最常出現的藝人是誰？答案既非三野文太，也非明石家秋刀魚，而是上沼惠美子與家鋪隆仁。

以典型的「大阪大嬸」角色為賣點的上沼惠美子，在所有主要的關西電視台裡幾乎都有固定節目，幾乎只要打開電視，就可以聽到上沼惠美子露骨的毒舌評論。相對於有全日本播放的固定節目的上沼惠美子，家鋪隆仁因為堅持反東京主義，導致在關東一帶沒什麼名氣，但是，他在關西的電視界可是重量級的大人物，甚至被封為「浪速的收視率帝王」。

其他還有濱村淳（以關西腔完整解析電影而聞名，在關西一帶甚至比毒蛇影評人杉浦孝昭還受歡迎？）、人稱Mr.吉本新喜劇的池乃MEDAKA、因《偵探！Knight Scoop》裡的小單元而擁有很多支持者的桂小枝、以死忠阪神虎隊球迷而成名的落語家月亭八方、被譽為關西第一播報員的Tajin等人，都是僅活躍於大阪的藝人。順帶一提，堀智榮美、千堂秋穗、大西結花這些偶像出身的藝人能有機會東山再起，也是大阪演藝圈的特徵之一。

大阪人抱持著「雖然希望大阪的藝人出名，但要是變得太有名氣而東京『搶走』，又會有點落寞……」的矛盾心情。只特定於大阪當地電視台活躍的知名藝人，對他們而言是心靈的綠洲。若想更了解大阪人的笑點，就必須好好認識大阪在地藝人。

潛規則47

可唱出三首以上由木田太良製作的大阪廣告歌曲

Osaka Rules

「木田太良？誰啊？」即便非大阪人會這麼問，也應該聽過木田先生製作的廣告歌曲。

由木田先生作曲的電視主題曲、廣告歌曲、企業歌曲，總計可是超過兩千首以上。據說曾有段時期，大阪的電視、廣播節目主題曲幾乎都是木田先生的作品。特別是對大阪人來說，曲曲都是無比熟悉的旋律、琅琅上口的愛歌。

就來舉出幾首歌吧！

出前一丁的「馬上做好囉～出前一丁～」

雞湯拉麵的「雞肉拉～麵，好大一碗唷！」

螃蟹道樂的「新鮮新鮮、活跳跳的蟹肉料理～」

551蓬萊的「5～5～1的蓬～萊！」

諸如此類，都是只要聽過一遍就耳熟能詳的簡單旋律與歌詞，不偏不倚地射中大阪人心坎的名曲。

當大阪人隨口哼出這些廣告歌曲，跟著唱和才不會失禮。

尤其唱螃蟹道樂的歌時，更是需要如Duke Aces樂團（廣告歌原唱者）的唱功與恰到好處的和聲來唱啊！

話說，木田先生一直被譽為是「浪速的莫札特」。這個稱號，據說是在木良先生擔任《偵探！Knight Scoop》的節目顧問時所命名的。

不過老實說，從木田先生那獨特的髮型來看，應該比較接近「巴哈」吧？順道一提，也有人懷疑木田先生的頭髮是假髮。只要掌握這些小話題，一起唱廣告歌曲時便能更加炒熱氣氛唷！

有朝一日
在大阪的音樂堂
除了掛著貝多芬
與莫札特的肖像畫
肯定也會掛上
木田太良的肖像畫

潛規則48

因為山車祭
而向公司請假
是合情合理的

Osaka Rules

從江戶時代中期元祿十六年（西元一七〇三年）持續至今，令大阪驕傲（？）的奇特祭典——岸和田市的山車祭出現了異變，莫非連岸和田的驕傲象徵也無法抵擋時代的洪流嗎？

岸和田山車祭從明治九年（西元一八七六年）開始固定於九月十四、十五日舉辦的祭典，然而一百三十年來首度調整日期，自二〇〇六年起改在「敬老日」（九月第三個星期一）前的週末舉辦。

據祭典最高負責人表示：「這是觀眾的銳減與拉山車的人力不足之下，無可避免的決定」。職場上越來越無法接受為了祭典而請年假，這就是所謂的時代趨勢。話說如此，山車祭絕對是值得岸和田居民賭上性命挑戰的祭典。

外地人對山車祭的印象大概是「啊，我知道，就是那個會有……死人的祭典吧？」（真是失禮的說法！）。山車祭是幾十台裝飾過的山車，奔馳於街道之中的祭典，山車行經轉角處也不會減速，直接進行直角轉彎。或許會有人懷疑「為什麼要做這麼危險的事？」，而直角轉彎其實是稱為「YARIMAWASHI」的傳承技藝。換做普通的汽車這麼轉彎，那當然是自殺行為，但在祭典裡，這正是「男子氣概」的象徵。

也有對祭典沒興趣的大阪人，冷眼旁觀地想：「啊啊，又要舉辦了（真是傻啊～）」，但住在外地的「拉車手」可是從八月中旬就開始坐立難安，擔心能否請假回鄉。就算你心想「少你一個又沒差」，但禮貌上還是不能說出口。請溫暖地守護岸和田居民那份對祭典的熱情吧！

潛規則49

排斥「東京相關」的事物

Osaka Rules

大阪是由自由競爭的商業社會起家，人們對於政府官員、警察這類掌有權力的人物，都心存抵抗。而對大阪人來說，「權力」一詞的代表莫過於「東京」。

許多縣市都充斥著東京的相關資訊（有時外縣市的人還比較了解東京在流行什麼！），而住在東京的外地人也以「成為東京人」為目標，但唯獨大阪人有骨氣地（頑固地）堅持著大阪的原味。

最明顯的就是大阪腔。

許多外縣市的人一來到東京，就會立刻藏起故鄉的口音，努力習慣所謂的標準日語。但大阪人可就不同了，除了業務上這類不得不說標準日語的場合，他們總是一以貫之地使用大阪腔。

有時他們會故意強調自己的大阪腔，甚至把野心放大，企圖讓身邊的人都說大阪腔。

這種暗中進行「全國大阪化計畫」的幕後黑手神出鬼沒，令人不寒而慄。

與其說大阪人討厭東京，正確來說，他們是討厭「東京＝第一名」的概念。

尤其東京（人）總是覺得東京是日本的中樞，其他外縣市都是次要城市，重視或不重視還是另一回事。

於是乎，大阪帝國才會高舉大旗反對「因為東京是政治與經濟的中心，所以任何事都要效法東京」的概念，縱使他們總是以永遠的老二哲學自討苦吃……。

因此，在大阪人面前千萬別擺出一副崇拜東京的態度。

此外，批評來自大阪的搞笑藝人也很危險。即便隨口笑著說：「大阪人，還真是蠢啊～」，一回過神，很可能會因此遭到反擊，出手的就是幕後黑手……。

喔喔，結婚禮物是章魚燒器啊！我還是第一次收到，真不愧是大阪人啊！
跟鄰居太太或朋友們一起做章魚燒吧～
幾年後
我帶了一些有趣的東西來喔
我也帶了有趣的東西
我也是
鏘
鏘
……………
……該不會是調到東北分公司的濱田送的吧？
是結婚禮物
他一定在那邊一定也在推廣大阪文化吧～
全國大阪化計畫

潛規則50

大阪的規則就是「我的規則」

Osaka Rules

俗語說「槍打出頭鳥」，代表日本人討厭「標新立異」。為了不造成別人的麻煩或是不被當成笑話看待，他們總是順著世間的常識與規則而行動。不管是好是壞，「不求突出地行禮如儀」向來被認為是日本的美德之一。

若真是如此，大阪可說是完全逆道而行。若就這點來看，大阪在某種程度上不屬於「日本」，真要貼切形容的話，大阪等於是日本國內的外國……吧！

舉凡交通規則、店家標價、東京民營電視台播放的媒體資訊，這些在大阪都只是參考用的程度。大阪人終究會以自我價值觀來判斷正確不正確、便宜不便宜或好吃與否。而那些沒有意見與主張的傢伙，全部都會被歸類成「無趣的傢伙」。「擺脫規則，衝撞規則才是王道」。泡麵與卡拉ＯＫ這類異想天開的生意，之所以會在大阪誕生，難道不正多虧了大阪這種打破常識與規則的風土民情嗎？說得極端些：「沒有規則就是大阪的規則」，或說是只有自己才能訂立自己的規則。所以正確答案就是——大阪的規則就是「我的規則」。

本書收錄的各項潛規則，或許只擷取了個性豐富的大阪人身上的一小部分。如果你是真正的大阪人，大概會立刻吐槽本書提及的每項潛規則，異口同聲地說「哪有這種潛規則啊！」或是「才不是這樣咧」！

沒錯，這樣才算是道地的大阪人啊！

註釋

1. 團體隊形：Mass Game，意指多人排成字或是圖案的表演活動。
2. 現已更名為PASMO卡。二〇〇七年，Passnet卡改採用和Suica相同的非接觸式ＩＣ技術，將名稱更改為PASMO並與ＪＲ東日本合作，使ＪＲ東日本和私營鐵路ＩＣ卡的使用範圍開始互通。
3. RAKUYAN的日文原文為「楽やん」，意即大阪腔的「輕鬆的很咧」。
4. 大坂之陣：意指大坂夏之陣與大坂冬之陣，是戰國時期江戶幕府消滅豐臣政權，一統天下的最終戰役。
5. 日文原文為「宵越しの銭は持たない」，意思接近今朝有酒今朝醉，代表江戶人不在乎財富的風骨。
6. 已於二〇〇九年歇業。
7. 奉行：是一種日本官職，最初為司掌宮廷儀式而設，後來則負責掌管大小政務。而大阪燒奉行意指習慣在煎大阪燒之際指揮的人。
8. 立飲店：站著喝酒的店。
9. 標準日語對人的敬稱為「さん」（SAN），而關西方言則為「はん」（HAN），都是「先生」的意思。
10. 日文原文為「様」，發音為SAMA，是日文裡最高級的尊稱。
11. 日文原文為「ヤンキー」，發音為YANKII。
12. 日文原文為「やんけ」，接在語尾，意思是「對吧？」。
13. 日文原文為「やんちゃ」，用於指「素行不良」的小夥子。
14. DOWNTOWN：是日本的搞笑藝人組合，成員為松本人志與濱田雅功，隸屬於吉本興業，活躍於日本演藝圈，除綜藝節目外，於電影、戲劇、音樂與寫作上也有發展。
15. 大阪腔，相對於標準日語的「～でございます」，是表達肯定的敬語語尾。
16. 「好冷」的日文原文為「寒い」，發音為SAMUI，大阪腔會故意將「sa」的音拉高。
17. 日文原文為「チャー、ノムカー」（chaa, nomukaa），拉長了「cha」和「ka」的尾音。
18. 日文原文為「アイツ、ケェヘンワー」（aitsu, keehenwaa），拉長了「ke」和「wa」的音，「hen」則為大阪腔的否定形。

19. 日文原文為「タコーテカエヘン」（takootekaehen），拉長了「ko」的音，「hen」則為大阪腔的否定形。
20. 明石家秋刀魚：日本知名的搞笑藝人、主持人，師承福笑亭松之助，因此在藝名冠上「明石家」。
21. 日文原文為「沈默は禁」，日文中的「禁」與「金」同音，因此文中將「沉默是金」改說成「沉默是禁」，打趣地表達出禁止保持沉默的意思。
22. 傻瓜：日文原文為「アホ」，發音為AHO。
23. 笨蛋：日文原文為「バカ」，發音為BAKA。
24. 日文原文為「しはりますのぉ」，使用敬語「~shiteharu」並拉長了語尾「no」的音。
25. 日文原文為「ええことないのとちがうぅ」，拉長了語尾「u」的音。
26. 漫才：日式相聲。
27. 阿吽的呼吸：語源為梵文，阿（a）為張嘴發出的第一個音，吽（hum）則為閉嘴發的最後一個音，代表兩項對應之物。「阿吽的呼吸」即代表「兩者默契（呼吸）配合」之意。
28. 此為阪神虎隊歌的歌詞。
29. 內弁慶：意思接近在家一條龍，在外一條蟲。弁慶為日本平安時期著名的猛將，加上「內」來形容只在家裡逞英雄的人。
30. 死亡行軍：阪神虎隊的主場在甲子園，但因為夏季要舉辦高中棒球大賽，所以無法在主場比賽，只能四處遠征。
31. 反吐槽：日文原文為「ノリツッコミ」，從基本的「A裝傻↓B吐槽A」橋段，進階到「A裝傻↓B附和A↓A吐槽B」的搞笑方法。
32. 北野誠、桂小枝、長原成樹現已退出固定班底的行列。

參考文獻

《大阪学》大谷晃一著　新潮社
《続大阪学》大谷晃一著　新潮社
《大阪学　阪神タイガース編》大谷晃一著　新潮社
《大阪人と日本人》藤本義一、丹波　元合著　PHP研究所
《こんなに違う　京都人と大阪人と神戸人》丹波　元著　PHP研究所
《どや！　大阪のおばちゃん学》前垣和義著　草思社
《ビバ☆いなかもん!》永濱靜子著　講談社
《旅の指さし会話帳　国内編2大阪》金城由美、津銘保郎合著　情報センター出版局
《なにわのアホぢから》中島らも編著　講談社
DVD《探偵!ナイトスクープ》Vol.1&2　Vol.3&4　ワーナー・ホーム・ビデオ

＊其他請參考各公司官網。此外，本書是經過許多大阪人的寶貴意見與想法所完成，非常感謝各方協助。

國家圖書館出版品預行編目(CIP)資料

別傻了這才是大阪：阪神虎．章魚燒．吉本新喜劇…
50 個不為人知的潛規則 / 都會生活研究專案
著；許郁文譯．── 初版．── 新北市：遠足文化，
2015.11 ──（浮世繪；5）譯自：大阪ルール
ISBN 978-986-92171-8-7（平裝）

1. 生活問題 2. 生活方式 3. 日本大阪市

542.5931 104020601

浮世絵05 ── 大阪

別傻了 這才是大阪

阪神虎・章魚燒・吉本新喜劇～
50個不為人知的潛規則

作者 都會生活研究專案
譯者 許郁文
總編輯 郭昕詠
責任編輯 陳柔君
編輯 王凱林、徐昉驊、賴虹伶
封面設計 霧室
排版 健呈電腦排版股份有限公司

社長 郭重興
發行人兼
出版總監 曾大福
出版者 遠足文化事業股份有限公司
地址 231 新北市新店區民權路 108-2 號 9 樓
電話 (02)2218-1417
傳真 (02)2218-1142
電郵 service@bookrep.com.tw
郵撥帳號 19504465
客服專線 0800-221-029
部落格 http://777walkers.blogspot.com/
網址 http://www.bookrep.com.tw
法律顧問 華洋法律事務所 蘇文生律師
印製 成陽印刷股份有限公司
電話 (02)2265-1491

初版一刷 西元 2015 年 11 月
Printed in Taiwan